진짜로 통일을 원하면
이미 시작된 통일을 연습해야 한다

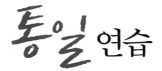 연습

이민교 지음

통일 연습

초판 1쇄 발행 2017. 10. 10

지은이 ｜ 이민교
펴낸이 ｜ 이미라
편집책임 ｜ 기록문화
본문 및 표지 ｜ 양선애
펴낸 곳 ｜ 도서출판 사도행전

주소 ｜ 서울시 강남구 개포로 24길 36, 103호
전화 ｜ 02)1899-3842
Email ｜ newkorea38@gmail.com
카톡 아이디 ｜ sonkorea
등록번호 ｜ 465-95=00163
공급처 ｜ (주) 비전북(031-907-3927)

ISBN 979-11-958016-2-6   02230

통일 연습

목차

머리말 · · · · · 5

1. 형제애가 회복되어야 한다 · · · · · 7

2. 통일이 과연 하나님의 뜻인가? · · · · · 13

3. 통일 신학의 과제는 무엇인가? · · · · · 25

4. 통일신학의 실천적 제안 · · · · · 41

5. 장애 국가를 회복하는 일에 장애인이 앞장을! · · · · · 51

통일부 주관 '평화로 2017' 통일박람회를 준비하면서
요한복음 12장 26절의 말씀이 저에게 찾아옵니다.

"사람이 나를 섬기려면 나를 따르라
나 있는 곳에 나를 섬기는 자도 거기 있으리니
사람이 나를 섬기면 내 아버지께서 그를 귀히 여기시리라."

전쟁의 소용돌이 속에서
요한복음 3장 16절과 요한일서 3장 16절 말씀이
십자가 되어 北에도 하나님은 계시는가 반문해 봅니다.

"하나님이 세상을 이처럼 사랑하사 독생자를 주셨으니
이는 그를 믿는 자마다 멸망하지 않고 영생을 얻게 하려 하심이라."
"그가 우리를 위하여 목숨을 버리셨으니
우리가 이로써 사랑을 알고
우리도 형제들을 위하여 목숨을 버리는 것이 마땅하니라."

금번 출판된 행동하는 『통일 연습』을 통해
한반도 땅에 주님의 임재가 증명되기를 소망해 봅니다.

이민교

통일을 말할 때 하나의 통일국가상을
상정하지 않기를 주문하고 싶다.
통일은 '형제애의 회복'으로 충분하다.
오히려 이런 자세가 실제적으로
통일을 앞당기는 길이라고 생각한다.

형제애가 회복되어야 한다

필자는 1997년부터 2004년까지 우즈베키스탄에서, 2005년부터 현재까지 카자흐스탄에서 국가대표 농아축구팀 감독으로, 아시안게임에 4회, 올림픽 그리고 월드컵에 출전하며 농아축구를 통한 이슬람 지역의 장애인사역에 헌신하고 있는 목사다.

그런데 2012년 8월. 런던 장애인 올림픽에 와일드카드(wild card)로 출전한 북한 장애인 선수 임주성의 손짓을 보게 되었다. 이전에 나는 '통일', '북한사역' 이런 단어들과는 관계없이 살고 있었으나, 임주성의 손짓을 통해 북한 농아축구팀 창단이 필요하다는 성령님의 음성을 듣고 그 음성에 순종하는 마음을 갖게 되었다. 그 음성에 응답하여 북한을 다녀온

8 통일 연습

것(2012년 12월)이 북한 장애인사역의 시작이 되었다.

그때부터 필자에게는 대한민국이 '한반도', '38선', '남과 북' 이런 표현들과 함께 허리가 잘린 장애인 국가로 인식되기 시작했다. 내가 태어난 이 땅 한반도가 38선으로 인해 남과 북으로 갈리어 허리신경이 마비된 장애인 국가임을 알게 된 것이다.

2012년 12월 3일, 평양의 해방산 호텔에서 주님은 요한복음 5장의 말씀과 함께 나에게 찾아 오셨다. 베데스다 못가의 38년 된 병자와 38선의 반쪽짜리 땅이 오버랩(overlap)되기 시작한 것이다. 한반도 땅이 허리신경의 마비로 인하여 위쪽(North Korea)과 아래쪽(South Korea)이 소통이 되지 않아 서로 다른 언어를 사용하고 서로 다르게 해석하고 있는 농아인 국가임을 온몸으로 체휼(體恤)하게 되었다.

신앙인에게 중요한 것은 하나님의 뜻이다. 우리는 통일을 당연히 하나님의 뜻이라고 받아들인다. 그러나 과연 통일은 하나님의 뜻인가? 우리가 바라는 단일국가의 형태로 위쪽과 아래쪽이 하나 되는 '통일'이 하나님의 뜻인가?' 대부분의 목사들은 의심 없이 한민족의 통일은 하나님의 뜻이라는 것을 전제하고 그 전제 위에서 말하고 행동하고 있다. 감리교 서부연회 총무를 역임한 은희곤 목사는 다음과 같이 말하고 있다.

> 우리는 한국인이기에 그리고 우리가 살고 있는 곳이 지구상 단하나 남은 유일한 분단국인 한반도 땅이기에, 우리가 피하려고해도 피할 수 없는, 그리고 피해서는 안 되는 숙명적 과제가 있다면, 그것은 한민족의 평화통일과 한반도의 평화통일이다. 이와 더불어 한국의 땅에서 살아가는 기독교인들에게 그것은 분명히 북한선교일 것이다. [서부연회 편, 『평화통일과 북한선교(I)』(서울: 서부연회 출판부, 1983), 202.]

모두가 하나 되자고 외치지만 분단 조국의 통일의 꿈은 그 미래가 불투명하다. 문제는 통일을 외치면 외칠수록 통일은 멀어진다는 점이다. 마치 별거, 혹은 이혼한 상태에 있는 부부가 다시 합쳐야만 한다는 당위만 가지고 살고 있는 것과 같다. 둘이 성격도 다르고, 생각도 다른데 무조건 합치려고만 하니 갈등이 더 심해진다. 여기에 양가의 이웃식구들

(미국·중국·일본·러시아)마저 합세하니 문제가 더 복잡해진다. 그런 가운데서 박근혜 대통령이 '통일 대박'을 들고 나온 것이 통일의 가능성이 높아진 것으로 인식하게 만든 또 하나의 이유가 되고 있다.

필자는 통일을 두 가지로 나누어야 한다고 생각한다. 하나는 사회 문화적 통일이고, 다른 하나는 정치 제도적 통일이다. 전자는 형제애의 회복이고, 후자는 단일국가로의 통일이다. 흔히 통일이라고 말할 때 후자의 의미로 사용된다. 전자는 상호 존중과 공존을 목표로 한다면 후자는 통일국가의 설립을 목표로 한다. 그동안 통일 논의가 하나의 통일국가의 설립을 목표로 진행되었기에 필연적으로 통일국가에서 어떤 체제를 선택할 것인가가 문제가 되었다. 자유민주주의 체제냐, 아니면 공산주의 체제냐의 체제 선택의 문제로 귀결되는 바람에 통일의 길은 더 요원해졌다. 둘 중에 하나가 굴복해야 하는 상황이 필연적으로 벌어질 수밖에 없기 때문이다.

이런 점 때문에 남북한 모두 그 통일 방안에 과도기적 상황을 상정하고 있다. 북한의 '연방제 통일방안'도 그렇고, 남한의 '민족공동체 통일방안'도 그렇다.

남한의 통일방안은 '남북연합'이라는 형태의 2체제 2정부 형태의 과도기적 단계를 상정한다. 과도기적 상태를 거친 연후 1국가 1체제로 통일을 완성한다. 문제는 내심으로는 그 최종의 체제가 남한은 자유민주주의 체제이고, 북한은 사회주의 체제라는 것을 감추고 있다는 점이다. 이런 상태의 통일 논의는 항상 상대방의 흑심(黑心)을 경계할 수밖에 없다. 사회 문화적 통합을 채 이루기도 전부터 체제 경쟁이 시작되는 것이다.

그래서 통일을 말할 때 후자의 의미인 하나의 통일국가 상을 상정하지 않기를 주문하고 싶다. 통일은 '형제애의 회복'으로 충분하다. 오히려 이런 자세가 실제적으로 통일을 앞당기는 길이라고 생각한다. 그동안의 체제 소모전을 그치고 실질적인 실용 통일을 추구하자는 것이다.

통일이 과연 하나님의 뜻인가?

그렇다면 다시 한 번 물어보자. 단일 국가로의 통일이 과연 하나님의 뜻인가? 필자는 한 민족의 형제애의 회복은 성경이 증언하고 있지만, 한 국가 형태의 민족 통일은 성경적 증거가 없다고 생각한다.

구약에 나타난 증거를 보자. 이스라엘이 남북으로 분단된 때가 있었다. 솔로몬의 아들 르호보암 왕 시절인 BC 931년에 남 유다와 북 이스라엘로 갈라졌다. 남북 분단 시대는 북 이스라엘이 BC 722년에 앗수르에 의해 멸망당할 때까지 209년간 계속되었다. 그런데 놀라운 것은 이 분열 기간 동안 어느 왕이나 백성, 또는 예언자가 나타나 이스라엘의 통일을 외치지 않았다는 점이다. 이스라엘은 하나님의 선택받은 백성이기에 하나가 되어야 할 충분한 이유가 있었다. 그러나 그런 노력은 전혀 없었고, 하나님도 통일의 노력을 막으셨다. 열 지파를 중심으로 북 이스라엘이 떨어져 나갔을 때 남 유다 르호보암은 군사 18만 명을 일으켜 북 왕국을 치려고 했다. 그때 하나님의 감동을 받은 스마야가 이들을 만류한다. 그 과정과 이유를 성경은 이렇게 기록하고 있다.

"르호보암이 예루살렘에 이르러 유다 온 족속과 베냐민 지파를 모으니 택한 용사가 십팔만 명이라 이스라엘 족속과 싸워 나라를 회복하여 솔로몬의 아들 르호보암에게 돌리려 하더니 하나님의 말씀이 하나님의 사람 스마야에게 임하여 이르시되 솔로몬의 아들 유다 왕 르호보암과 유다와 베냐민 온 족속과 또 그 남은 백성에게 말하여 이르기를 여호와의 말씀이 너희는 올라가지 말라 너희 형제 이스라엘 자손과 싸우지 말고 각기 집으로 돌아가라 이 일이 나로 말미암아 난 것이라 하셨다 하라 하신지라 그들이 여호와의 말씀을 듣고 그 말씀을 따라 돌아갔더라"(열왕기상 12:21-24).

형제간에 피비린내 나는 전쟁은 안 된다는 것이다. 또 분열은 하나님의 뜻이었다고 말한다. 이는 솔로몬의 잘못에 대해 하나님이 내린 심판이었다. 르호보암은 선지자의 말에 순종하여 물러간다. 물론 이후 유다와 이스라엘 사이에 전혀 전쟁이 없었던 것은 아니다. 작은 국지전이 있었지만 이는 통일 전쟁 차원이 아니었다. 오히려 아합 가문과 유다 가문이 통혼을 하기도 하였다. 최후의 일전은 북 왕국이 멸망하기 직전 북 이스라엘 왕 베가가 시리아 왕 르신과 연합하여 유다 아하스를 공격한 전쟁이었다. 불리해진 유다는 앗수르 디글랏빌레셋에게 원병을 청한다. 이 때문에 결국 북 왕국이 망하고 유다는 속국으로 전락하는 운명을 맞고 만다. 이 전쟁 초기에 이스라엘 베가의 군대가 유다 백성을 포로로 끌고 간 일이 있었다. 그런데 이때도 오뎃이라는 선지자가 나타나 이스라엘을 책망한다.

　"르말랴의 아들 베가가 유다에서 하루 동안에 용사 십이만 명을 죽였으며… 이스라엘 자손이 그들의 형제 중에서 그들의 아내와 자녀를 합하여 이십만 명을 사로잡고 그들의 재물을 많이

노략하여 사마리아로 가져가니 그곳에 여호와의 선지자가 있는데 이름은 오뎃이라 저가 사마리아로 돌아오는 군대를 영접하고 그들에게 이르되 너희 조상의 하나님 여호와께서 유다에게 진노하셨으므로 너희 손에 넘기셨거늘 너희가 노기가 충천하여 살륙하고 이제 너희가 또 유다와 예루살렘 백성들을 압제하여 노예를 삼고자 생각하는도다 그러나 너희는 너희 하나님 여호와께 범죄함이 없느냐 그런즉 너희는 내 말을 듣고 너희가 형제들 중에서 사로잡아 온 포로를 놓아 돌아가게 하라 여호와의 진노가 너희에게 임박하였느니라 한지라… 이에 무기를 가진 사람들이 포로와 노략한 물건을 방백들과 온 회중 앞에 둔지라 이 위에 이름이 기록된 자들이 일어나서 포로를 맞고 노략하여 온 중에서 옷을 가져다가 벗은 자에게 입히며 신을 신기며 먹이고 마시게 하며 기름을 바르고 그 약한 자들은 모두 나귀에 태워 데리고 종려나무 성 여리고에 이르러 그의 형제에게 돌려 준 후에 사마리아로 돌아갔더라"(역대하 28:6b-15).

남 왕국과 북 왕국은 형제관계다. 하나님은 이스라엘 나라가 하나의 나라로 통일되는 것보다는 그들이 형제 관계임

을 확인시켜 주고 있다. 북 왕국이 망한 후 북 왕국의 지도
층들은 앗수르의 식민정책에 의하여 다른 민족들이 사는 지
역으로 강제 이주된다. 남은 지도층의 일부는 남 유다 왕국
으로 흡수되었고, 사마리아 지역에는 가난한 이스라엘 민중
들만 살게 되었다. 이곳은 타 지역에서 온 이민족이 정착하
면서 혼합 민족이 된다. 남 유다도 BC 586년에 바벨론에 의
해서 망하고 그 지도층들이 포로로 끌려 간다.

BC 538년에 고레스 칙령에 의해서 바벨론 포로로부터
귀환한 공동체는 BC 515년에 성전을 건축하고, BC 445년에
예루살렘 성벽을 건설한다. 이 과정에서 사마리아 지역에 거
주하던 세력들이 성전 공동체에 함께 참여할 것을 요구하지
만, 귀환한 배타적 유대 공동체는 이들을 받아들이지 않는
다. 이 때문에 사마리아 종교라는 것이 탄생한다. 사마리아
종교는 그리심 산에 성전을 세우고 모세 오경만을 인정했다.
유대 공동체와 사마리아 종교 세력은 서로 앙숙처럼 갈등하
며 지냈다. 요한복음에는 그 모습이 잘 묘사되어 있는데 유
대인들은 사마리아 사람들을 싫어하여 갈릴리와 유대를 왕
래할 때 가장 빠른 길인 사마리아를 관통하는 길로 가지 않

고 돌아서 갈 정도였다. 예수님은 이런 금기를 깨고 사마리아 여인과 대화하시며 그 여인을 구원하신다. 예수는 더 나아가 예루살렘 성전과 그리심 산 성전을 대체하는 '신령(영)과 진정(진리)'으로 드리는 예배 공동체를 제시하신다.

사마리아는 사도행전 1장 8절의 "오직 성령이 너희에게 임하시면 너희가 권능을 받고 예루살렘과 온 유대와 사마리아와 땅 끝까지 이르러 내 증인이 되리라"는 주님의 세 번째 선교 명령지가 되었다. 사마리아는 빌립에 의해서 전도되어 교회 공동체의 형제의 일원으로 받아들여졌다. 실상 유대인과 사마리아인 간의 갈등의 화해자로서의 역할을 한 것은 바로 예수와 초대교회였다.

이처럼 유구한 이스라엘 역사에서 주님의 중요 관심사는 제도적인 하나 됨이 아니라 민족 간의 심리적 경계선을 허무는 형제애의 회복에 있었다. 통일의 비전으로 자주 언급되는 것은 에스겔의 환상이다. 에스겔은 바벨론 포로지역에서 예언한 선지자로 환상 중에 하나님께서 남북 왕조를 하나로 만들 것을 약속하신다.

"여호와의 말씀이 또 내게 임하여 이르시되 인자야 너는 막대기 하나를 가져다가 그 위에 유다와 그 짝 이스라엘 자손이라 쓰고 또 다른 막대기 하나를 가지고 그 위에 에브라임의 막대기 곧 요셉과 그 짝 이스라엘 온 족속이라 쓰고 그 막대기들을 서로 합하여 하나가 되게 하라 네 손에서 둘이 하나가 되리라… 그 땅 이스라엘 모든 산에서 그들이 한 나라를 이루어서 한 임금이 모두 다스리게 하리니 그들이 다시는 두 민족이 되지 아니하며 두 나라로 나누이지 아니할지라"(에스겔 37:15-22).

이는 분명히 한 민족 한 체제의 통일 왕국을 내다보는 비전이다.

그러나 이 비전의 강조점은 '통일'에 있는 것이 아니라 이스라엘 나라의 '회복'에 있다. 만약 이 비전이 남북 분열기간에 보여진 환상이라면 통일의 비전이겠지만, 북 왕국이 망한지 약 150년 후의 비전이란 점에서 통일보다는 회복에 의미가 있다. 민족의 역량을 분산시키는 분열은 열방 가운데 부끄러운 모습임에는 틀림없다. 다시 회복될 나라는 이처럼 갈라지지 않은 다윗시대와 같은 강성 대국을 이룰 것이라는 환상이라 할 것이다.

민족이 단일국가를 이루는 것이 무조건적인 최선은 아니다. 성경의 관심은 체제의 하나 됨이 아니라 인류의 형제애의 회복에 있다. 성경은 민족 간의 차별이나 갈등은 분명히 해결하고 화해해야 한다고 가르친다. 예수님이 그러셨다. 에베소서 2장 14-16절은 이렇게 증거한다. "그는 우리의 화평이신지라 둘로 하나를 만드사 원수된 것 곧 중간에 막힌 담을 자기 육체로 허시고 법조문으로 된 계명의 율법을 폐하셨으니 이는 이 둘로 자기의 안에서 한 새 사람을 지어 화평하게 하시고 또 십자가로 이 둘을 한 몸으로 하나님과 화목하게 하려 하심이라."

예수님은 이방인과 유대인 간의 율법적 장벽, 심리적 장벽을 허무셨지만, 이들을 정치적인 한 나라로 만드신 것은 아니다. 우리의 육신은 나라와 민족에 매여 있지만, 주 안에서 우리의 영혼은 국경을 초월한다. 가까이는 북한부터 멀리는 아프리카 오지의 검은 형제들까지 우리는 그리스도 안에서 하나다.

성경에서 증거하는 형제애의 회복을 목적으로 하는 통일

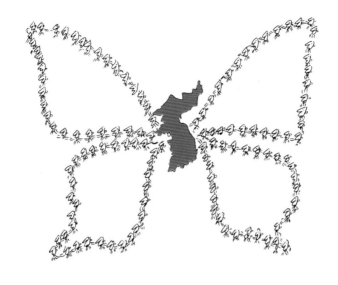

이야기는 영구 분단론으로 생각될 수도 있다. 단일국가 체제를 이루는 통일은 성경이 증거하는 바도 아니지만, 한반도 상황에서 그것은 인간이 결정할 수 있는 사안이 아니기 때문이다. 통일이 주어진다면 그야말로 그것은 하나님의 선물일 것이다. 그 과정에서 인간이 할 수 있는 최선은 상호간의 불신을 해소하고 형제애적 차원에서 돕는 일이다. "오직 선을 행함과 서로 나누어 주기를 잊지 말라 하나님은 이 같은 제사를 기뻐하시느니라"(히브리서 13:16). 형제애의 회복을 목적으로 하는 통일론은 단일국가 상을 상정하는 통일론이 가지고 있는 저항과 관념성을 피하고 통일에 실제적으로 기여할 수 있는 통일론이다. 이렇게 형제애를 회복하려고 노력하다 보면 어느새 우리는 통일에 가장 가까이 가게 될 것이다.

동서독의 통일 과정이 좋은 예가 될 것이다. 1972년 체결된 Basic Treaty(German: Grundlagenvertrag)를 통해 동서 교류의 토대를 놓게 된다. 그 토대 위에 1976년도에는 동서독의 우편물 교환 관련 협약(Abkommen über Post- und Fernmeldewesen) 이 체결된다. 그 바탕 위에 다양한 동서교류가 실현된다. 서독은 동방정책을 추진했지만 '통일'이라는 용어조차 사용하지 않았다. 브란트 수상은 1민족 2국가 체제를 받아들였다. 통일은 먼 장래에 이루어질 일이며, 일단은 동독 국민의 인간의 존엄성과 내면생활의 문제에만 집중하였다.

서독은 1972년부터 1989년 통일이 될 때까지 약 62조 6,700억 원의 현금과 물자로 지원했다. 민간 부분에서는 44조 8,800억 원이 지원되었다. 1987년 한 해 동안 150만 명의 서독인이 동독을 방문했으며, 동독으로 7,500만 통의 편

지와 2,400만 건의 소포가, 서독으로는 9,500만 통의 편지와 900만 건의 소포가 전달되었다. 이미 70퍼센트 이상의 동독 주민들이 서독 TV를 시청하고 있었다. 한마디로 서독의 동방정책은 '형제애의 회복'에 중심을 둔 인도주의, 인권 회복, 관계 정상화 정책이었다. 형제애가 회복된 후의 통일은 쉬운 길이 되었다.

가이사의 길이 다른 사람의 잘못을 지적하는 것이라면
하나님의 길은 다른 사람의 잘못을 자기가 안고
자기가 죽는 십자가의 길이다. 미움과 증오의
논리가 아니라 사랑과 평화의 논리다.

통일 신학의 과제는 무엇인가?

1) 한국교회의 이데올로기 극복

한국 교회는 형제애의 회복에 관심을 두기보다는 남북 이념 논쟁에 오히려 더 불을 지피고 있다. 다음은 오래전 서울 ○○교회에서 열렸던 '북한 동족과 탈북자들을 위한 서울 통곡대기도회'에서 있었던 발언이다.

"북한정권은 사이비종교와 같다… 동포들이 굶어 죽는데 관광을 다니느냐?" 하고 묻기에 "그러면 어떻게 해야 하느냐?고 다시 반문했다. 그랬더니 "그 탈북자가 밀고 올라가야지. 그래야 우리가 총을 뒤로 돌릴 것이 아니냐?"고 대답하더라… 북한 동포를

도와야지, 정권에 돈을 갖다 줘서는 안 된다. 평균적인 지능을 갖고 있는 사람이면 다 아는데 왜 그러는지 모르겠다…공산주의와 싸우는 것은 곧 사탄과 싸우는 것이며 적그리스도이다… 남한에서 친공 반미세력을 모두 없애 주시고, 김정일도 제거해 달라고 기도해야 한다. (김○○ 목사의 발언, 「복음과상황」 제180호에서 인용)

이런 인식은 김○○ 목사뿐만 아니라 대다수 보수 기독교인들의 의식이기도 하다. 이 집회에는 한국기독교총연합회 임원들을 비롯하여 대부분의 교계 원로들이 모였다. 이들은 북한 정권과 북한 동포를 구분한다. 북한 동포는 도와야 하지만 북한 정권은 박멸해야 할 사탄의 무리들로 규정한다. 그러나 현 북한 체제를 국민과 정부로 나눌 수 있다는 생각은 허상이다. 북한은 안으로는 주체사상과 밖으로는 반미의식으로 공고하게 하나로 뭉쳐 있다. 또 설사 북한 동포와 정권을 구분한다 할지라도 정권에 의해서 완벽히 통제되고 있는데 이를 각각 취급하겠다는 것은 전혀 비현실적 인식이다. 북한에 대한 인식이 이런 이상 통일은 오로지 흡수통일이나 전쟁에 의한 통일밖에 없다.

또한 북한 정권을 변하지 않는 사탄의 무리로 규정하는 것도 문제가 있다. 북한도 변하고 있다. 조선그리스도교연맹이라는 공식 기독교 단체가 있고, 스스로 북한 내에 1만 2천 명의 신자와 2개의 공식 교회, 520개의 가정교회가 있다고 주장한다. 북한선교 활동을 하고 있는 '오픈 도어즈'는, 비록 신뢰성을 확인하기 어렵지만, 북한 내에 540개의 지하교회가 있고, 약 50만 명의 교인이 있다고 주장하고 있다. 어용이니, 아니니 하는 문제가 있지만 현상적으로 북한의 종교에 대한 태도가 바뀌고 있는 것은 사실이다. 북한의 주체사상은 종교에 대한 마르크스-레닌주의의 과격한 유물론적 비판에서 한발 물러나 종교의 긍정성을 인정하는 방향으로 나아가고 있다.

물론 종교 탄압이 여전하지만 북한을 사탄의 정권으로 규정하면 대화가 불가능하다. 누가복음 15장에 보면 너무도 소중한 말씀이기에 예수님은 세 번이나 반복해서 비유를 말씀하신다. 이웃을 어떻게 볼 것인가의 문제다. 사탄으로 볼 것인가? 잃어버린 자로 볼 것인가? 결국 잃어버린 자를 찾는 이것이 아버

지의 마음이다. 사람도 바뀌고 정권도 바뀌고 이념도 시대에 따라 변한다. 한국교회는 북한 정권을 바라보는 태도를 유연하게 가질 필요가 있다. 최근에 북한의 조선 그리스도인 연맹 소속의 목사들이 참여한 세계교회 34개국 출신의 교회 지도자들이 스위스의 제네바 인근에 모여서 한반도의 화해와 평화를 진전시킬 방안을 모색했다. (「기독교신문 베리타스(The Veritas)」 2014년 6월 23일)

사실 한국교회의 반북의식은 이미 오래전부터 형성되었다. 남한의 기독교는 그 뿌리가 반공주의다. 남한 기독교의 주류는 북한의 서북세력(평안도와 황해도)이다. 해방 전후 조선의 기독교인은 장로교인이 전체 기독교인의 3/4쯤 되었는데, 장로교의 60퍼센트를 서북세력이 차지하고 있었다. 평양은 '동양의 예루살렘'이라고 불릴 정도였다. 그런데 해방 직후 공산주의와의 갈등과 또 토지개혁 문제 때문에 월남한 기독교인이 많았는데, 그 수가 무려 7-8만 명(전 통일부 장관 강인덕의 주장)이나 되었다. 이는 당시 북한 기독교인 20만 명의 35-40퍼센트에 이르는 숫자였다. 이들이 남한에 정착하면서 기독교의 주류를 형성한 것이다. 이들은 공산주의 치하에서 핍박을 받았던 체험적 반공주의자들이었다. 6.25 전쟁을 계기로 이런 확신은 더 굳어졌다. 1953년 6월 15일, NCCK 주최로 부산 충무로에서 열렸던 통일구국 기원 신도대회에는 1만 명이 참가했는데 그때의 주요 발언은 다음과 같다.

> 한국 정부와 한국 국민은 최근 판문점에서 진행되고 있는 휴전안에 대하여 한사코 반대한다. 한국 통일은 공산주의와의 유화에서가 아니라 공산주의를 굴복시킴으로써 성취되어야 한다. 공산주의는 설복할 수 없는 마귀, 영구히 회개할 수 없는 마귀다.

이런 과거를 뒤돌아본다면 현재 보수 기독교인들이 시청 앞 광장에서 벌이고 있는 반북 반공 기도회와 북한인권 한국교회연합 통독기도회가 이해될 만도 하다. 상대방의 잘못을 들추기 시작하면 더 이상 형제간의 화해는 일어날 수 없다. 상대방만의 잘못이 아닌 우리의 잘못도 있다. 이제는 덮어야 할 때가 되었다. 우리 미래와 후손들을 위해서도 과거는 과거로 묻어 두어야만 한다. 6.25 전쟁 세대들이 가고 전쟁을 경험하지 않은 세대가 주류의 위치에 선다는 것은 어

쩌면 희망일 수 있다. 상처를 간직하고 있는 사람들은 그 상처 때문에 화해가 어렵기 때문이다.

분단과 이데올로기적 대립은 단순히 그것으로 끝나지 않는다. 문제는 이념 때문에 교회가 하나님의 말씀을 잃어버린다는 데 있다. 이데올로기적 대립은 극단의 흑백논리로 양분되면서 편 가르기로 나간다. 정의나 윤리보다는 어느 편이냐가 중요하게 되었다. 자기 편이면 불의도 용서되었다. 교회가 자기 개혁의 힘을 만들어내지 못하는 이유 중 하나도 바로 분단이 만들어 놓은 윤리적 무감각성 때문이다. 사랑이나 용서나 모든 성경의 윤리들은 이데올로기적 대립 앞에서 무력하게 되었다.

한국교회는 이제 하나님 말씀으로 돌아가야 한다. 우리가 읽어야 할 성경은 갈멜 산상의 엘리야와 바알 우상과의 투쟁 부분만이 아니라 산상수훈에 나타난 원수의 사랑에 대한 말씀으로도 살아야 한다. "너희 원수를 사랑하며 너희를 박해하는 자를 위하여 기도하라"(마태복음 5:44). "네 이웃을 네 자신과 같이 사랑하라"(마태복음 19:19). "새 계명을 너희에게 주노니 서로 사랑하라 내가 너희를 사랑한 것같이 너희도 서로 사랑하라 너희가 서로 사랑하면 이로써 모든 사람이 너희가 내 제자인 줄 알리라"(요한복음 13:34-35).

이 시대에 한국교회가 실천해야 할 주님의 말씀은 이웃을 사랑하라는 것이다. 남쪽과 북쪽에 갈라지고 찢긴 심령을 교회가 위로하고 싸매주지 않으면 누가 그 일을 감당할 것인가? 교회는 보수 세력의 첨병이 되기보다는 남북한의 형제애의 회복에 앞장서고 이를 위해서 모든 희생도 감수할 수 있어야 한다. 기독교인의 목적은 체제 경쟁이나 단일 민족 국가의 수립이 아니다. 형제애의 회복이며 북한 교회의 회복이다.

그러므로 우리는 일차적으로 성경에서의 통일의 개념을 재정립하는 것이고, 둘째로는 한국교회의 이데올로기를 극복하고 말씀으로 돌아가게 하는 데 힘써야 할 것이다.

2) 종교와 정치의 분리

한국교회는 신앙과 정치가 너무 혼재되어 있다. 주일 강단을 보면 알 수 있다. 강단에서 해야 될 신앙적 발언과 해서는 안 되는 정치적 발언의 한계에 대한 인식이 없다. 성도들 안에도 의견이 갈리는 문제를 목회자 개인의 생각으로 하나님의 말씀을 선포하는 거룩한 강단에서 표명해서는 안 된다. 강단의 존엄성과 영광을 잃어버리고 있는 이유는 바로 이런 경계의 혼동에서 비롯되고 있다.

이는 진보 측도 마찬가지이다. 1988년 NCCK는 '민족의 통일과 평화에 대한 한국기독교회 선언'이라는 역사적인 고백을 하였다. 한국교회 최초의 체계적인 통일 선언이라는 점에서, 또 정권에 의해 통일 논의가 독점되던 상황 가운데 통일의 물꼬를 텄다는 점에서 역사적인 대선언이었다. 사회에 큰 반향은 일으켰지만 '미군 철수'라는 문제까지 언급해 보수 측의 반발을 샀다. 문제는 교회가 정치적으로 민감한 문제까지 언급해도 되는가 하는 점이다. 교회는 원론적으로 민족 화해를 외칠 수 있지만, 구체적인 정치적 실천의 문제까지 언급하는 것은 한계 밖의 문제다. 미군 철수 문제는 한반도의 상황과 현실을 고려해서 결정해야 할 정치적 문제이지, 성경에 답이 쓰여 있는 것은 아니다. 민감한 정치 문제를 교회의 이름으로 발표해서는 안 된다.

신앙과 정치를 섞고, 교묘히 자신의 정치적 입장을 신앙의 이름으로 강요하는 것은 어제 오늘의 문제가 아니다. 대표적으로 정교 분리 원칙이 그렇다. 80년대 기독학생 운동의 발목을 잡았던 것은 바로 이 정교 분리 원칙이었다. 캠퍼스에 최루탄 연기가 가실 날이 없고, 친구들이 분신과 구속으로 독재에 항거할 때 기독학생들은 '예수님이라면 이 상황에서 어떻게 할 것인가' 고민했다. 그럴 때마다 교회 어른들은 정치와 신앙은 분리된다는 정교분리의 원칙과 '위에 있는 권세에 복종하라'는 로마서 13장의 논리로 기독청년들을 설득했다. 아무리 군부독재일망정 하나님께서 세우신 권세이기에 복종하라는 뜻이었다. 이 때문에 기독교의 논리에 회의를 느낀 청년들이 기독교를 떠나 사회운동으로 투신했다.

그런데 2천년대에 들어선 오늘에서는 정반대의 현상이 일어나고 있다. 그때 우리를 말렸던 어른들이 이제는 거리로 나서기 시작했다. 서울 시청 앞에서 기도회를 열고 시국 강연을 방불케 할 정도로 주일 강단에서 대정부 비판을 서슴지 않는다. 이는 정교 분리 원칙이나 위에 있는 권세에 복종하라는 말과 정면으로 배치되지 않는가? 이로 보건대 결국 성경 말씀은 자기 생각이나 기득권을 주장하기 위한 한 방편에 불

과했던 것 같다. 80년대는 정권 편이었기에 로마서 13장을 인용했고, 이제는 현 정권에 반대하기 때문에 '어둠', '혼란', '경제', '좌익'이라는 논리로 마치 진리와 어둠의 세력과의 싸움인 양 보수 세력을 대변하는 발언을 한다. 이것이야말로 말씀은 없고 자기주장만 있는 것이다.

종교에서 정치 색깔을 제거해야 한다. 종교인은 순수한 종교인으로써 남아야 한다. 정치와 종교의 미 분리는 진보적 기독교의 문제이기도 하다. 사실 1970-1980년대의 운동을 이끌어왔던 세력은 진보적 기독교였다. 독재의 탄압에서 교회가 유일한 합법 공간이었고, 진보적 기독교는 이 합법 공간에서 민주화와 인권운동을 이끌어왔다.

그러나 문제는 학생운동과 노동운동, 시민운동 등 제반 사회운동들이 발전하면서부터다. 제반 운동들이 발전하다 보니 진보적 기독교의 입지가 애매해진 것이다. 기독교운동으로서의 자기 자리도 못 찾고 사회운동으로서의 지도적 위치도 상실한 것이다.

전체 운동은 부분 운동이 각자의 위치에서 충실히 제 역할을 감당할 때 발전한다. 노동운동은 노동이라는 현장이 있고, 환경운동은 환경이라는 현장이 있다. 각 부분이 자기 문제를 가지고 자기 방식으로 싸워 나갈 때 사회의 진보는 이루어지는 것이다. 기독교운동은 기독교라는 토대를 발판으로 이루어진다. 기독교라는 것을 떠나면 기독교운동일 수가 없다. 기독교는 성경이 텍스트(text)요, 교회가 현장이요, 방법론은 예수님이 모델이시다. 교회라는 토양과 전통들을 무시하는 운동은 설득력을 가질 수 없다. 이런 점에서 진보적 기독교는 더욱 철저히 하나님 말씀을 가지고 씨름해야 하며 교회라는 현장을 이해하려는 노력이 필요하다.

3) 실제적인 방법론과 대안 제시

현대사회에서 종교의 영역과 정치의 영역을 따로 구분하기는 어렵다. 참여도 정치적 행위요, 침묵도 정치적 행위의 일종이다. 어떻게든 정치적으로 표출될 수밖에 없다. 그러나 신앙이 추구하는 목표와 방법은 세상이 추구하는 것과 다르다. 교회의 목표는 하나님 나라의 건설이다. 하나님 나라는 성경의 원리가 통용되는 나라다. 성경에서 증언하는 사랑과 평화의 나라, 정의와 인권의 나라, 민주와 평등의 나라, 풍요하며 창조질서가 보존되는 나라를 건설하기 위해서 노력한다. 이를 위해 제반 사회 세력들과 우리는 연대할 수 있다.

그러나 교회는 하나님 나라를 실현하기 위해 제도를 바꾸거나 세상에 청원하는 것을 그 1차적 과제로 설정하지 않는다. 교회가 먼저 하나님 나라의 뜻에 맞게 사는 것이 목표다. 사도 바울 시대에도 노예 제도와 가부장제가 있었다. 그러나 바울은 이런 제도 개혁에 대해서는 언급이 없다. 사도 바울이 도망친 노예 오네시모를 그의 주인이며 믿음의 동역자인 빌레몬에게 다음과 같이 소개하는 대목에서 노예제도는 교회 안에서 이미 깨어지고 있다.

"이후로는 종과 같이 대하지 아니하고 종 이상으로 곧 사랑받는 형제로 둘 자라 내게 특별히 그러하거든 하물며 육신과 주 안에서 상관된 네게랴 그러므로 네가 나를 동역자로 알진대 그를 영접하기를 내게 하듯 하고 그가 만일 네게 불의를 하였거나 네게 빚진 것이 있으면 그것을 내 앞으로 계산하라"(빌레몬서 1:16-18).

"너희는 유대인이나 헬라인이나 종이나 자유인이나 남자나 여자나 다 그리스도 예수 안에서 하나이니라"(갈라디아서 3:28).

위와 같은 선언에서 노예제도나 남녀 불평등은 이미 찾아볼 수 없다. 교회가 먼저 이처럼 하나님 나라의 원리에 맞추어 살 때 세상은 변화되기 시작한다. 제도 변화는 이처럼 하나님 나라의 삶을 사는 사람들이 많아지고 이것이 사회에 영향력을 미침으로써 이루어진다.

사회적 문제를 해결하는 방식도 신앙인의 모델은 예수님이시다. 예수님은 '눈에는 눈, 이에는 이' 식의 복수 논리를 거부하셨다. 한쪽 뺨을 맞으면 다른 뺨도 내미는 것이 예수님의 방식이다. 예수님은 원수까지도 사랑하며 너를 핍박하는 자를 위하여 기도하라고 하셨다. 세상 방식은 군림하며 통치하는 것인 반면에 신앙은 섬기고 낮아지고 십자가에서 자기를 죽이는 방식이다. 신앙인은 악을 악으로 분명히 인식한다. 그러나 악을 악으로 갚을 권리는 없다. 예수님께서 막으셨다. 교회는 그가 회개만 한다면 아무리 살인마일지언정

받아들일 수밖에 없다. 예수님께서 괴수 중의 괴수인 우리들도 받아 주셨기 때문이다.

그러나 사회의 불의에 대해서는 지적하고 바꾸어야 한다. 불의를 제거하는 방법이 하나님의 길과 가이사의 길은 다르다. 가이사의 길이 눈에는 눈, 이에는 이의 방법이라면, 하나님의 길은 자기희생과 용서의 방법이다. 가이사의 길이 다른 사람의 잘못을 지적하는 것이라면, 하나님의 길은 다른 사람의 잘못을 자기가 안고 자기가 죽는 십자가의 길이다. 미움과 증오의 논리가 아니라 사랑과 평화의 논리다.

성경이 말하는 통일신학은 운동의 실천 방법론을 제시할 뿐만 아니라 교회가 실천할 수 있는 대안을 제시할 수 있는 신학이어야 한다. 그동안의 실천이 지나치게 정치 편향적이었다면 이제는 형제애를 회복시킬 수 있는 실질적인 대안들, 특히 종교인으로서 실천 가능한 대안들을 개발하고 그 방향을 제시해 주는 것이 필요하다.

통일신학은 통일에 대한 개념 재정립, 한국교회 반북 반공
이데올로기 비판, 종교와 정치의 분리, 실제적인 방법론과
대안을 제시하는 신학이 되어야 한다고 생각한다.

통일신학의 실천적 제안

1) 요셉의 실천신학

통일에 있어서 가져야 할 우리의 자세인 형제애의 회복을 생각하면 용서와 포용이다. 용서의 한 예로 우리는 성경에서 요셉을 떠올릴 수 있다. 12명의 자식들 중에서 편애를 받으며 응석받이로 자란 요셉의 반전된 인생 이야기가 창세기에서 다른 어느 인물보다 많은 분량을 차지하고 있다.

하나님은 아브라함을 부르시며 "내가 너로 큰 민족을 이루고 네게 복을 주어 네 이름을 창대하게 하리니 너는 복이 될지라 너를 축복하는 자에게는 내가 복을 내리고 너를 저주하는 자에게는 내가 저주하리니 땅의 모든 족속이 너로 말미암아 복을 얻을 것이라"(창세기 12:2-3)고 하셨다. 그러나 아브라함이 죽을 때는 사라를 장사하기 위하여 산 마므레 앞 헷족속 에브론의 밭 막벨라 밭만 소유하게 된다(창세기 23장). 한 사람으로 시작된 하나님의 나라는 가나안 땅에서는 아브라함을 거쳐 이삭, 야곱을 지나기까지 하나님이 번창시키지 않으신다. 이 요셉이 애굽으로 팔려가는 고난의 인생을 겪게 하심은 한 사람을 통한 하나님의 계획하심이 있었다. 바로 '민족'이었다.

하나님 나라를 이 땅에서 샘플로 보여 주기 위해 택함받은 이스라엘 민족, 그 이스라엘 민족을 만들기 위해 요셉이 쓰임 받은 것이다. 요셉이 없었더라면 기근으로 인해 가나안 땅에 살던 야곱의 식구들은 모두 아사했을 수도 있다. 하나님은 요셉을 먼저 애굽에 보내시고 야곱의 식구들을 가나안 땅에서 불러들여 애굽의 고센 땅에서 구별해 애굽 민족과 섞이지 않게 하시며 번성하게 하신 것이다.

필자가 성경에서 요셉을 통일신학의 실천적 제안으로 삼

은 것은 그의 꿈(Vision)도 아니고, 애굽의 국무총리 높은 자리도 아니다. 요셉은 용서의 사람이었다. 형들에게서 구덩이에 버림을 받게 되는 일, 이집트의 노예로 팔려 가는 일, 억울한 일을 당해 감옥에 들어가는 일, 감옥에서조차 도움을 받았던 사람들이 잊어버린 일 등 그의 인생에서 억울하고 화가 나고 이해되지 않는 많은 일들을 겪어내면서도 그를 통해 하시는 하나님의 일이 있었던 것이다. 그것이 바로 요셉을 용서의 사람으로 만들었다는 것이다.

현재 요셉의 상황에서 자기를 억울하게 감옥으로 몰아넣은 보디발의 아내를 벌할 수도 있었고, 은혜를 잊어버린 떡 맡은 관원장을 괘씸죄로 벌할 수도 있었다. 또한 자기를 우물에 처넣고 애굽에 노예로 팔아 버린 형들의 죄를 물을 수도 있었다. 하지만 요셉은 그렇게 하지 않았다. 두려워하는 형들에게 오히려 이렇게 말했다.

"당신들이 나를 이곳에 팔았다고 해서 근심하지 마소서 한탄하지 마소서 하나님이 생명을 구원하시려고 나를 당신들보다 먼저 보내셨나이다… 하나님이 큰 구원으로 당신들의 생명을 보존하고 당신들의 후손을 세상에 두시려고 나를 당신들보다 먼저 보내셨나니 그런즉 나를 이리로 보낸 이는 당신들이 아니요 하나님이시라"(창세기 45:5-8a).

원수사랑에서 요구되는 인간의 기본적인 행위는 사랑의 용서다. 한나 아렌트는 "환원 불가능한 과거의 곤경으로부터 벗어나게 하는 치유능력을 인간의 용서의 행위에서 찾는다. 왜냐하면 용서란 '과거에 사로잡히지 않고도 과거와 더불어 살아갈 수 있는 능력'이요, 인간의 증오와 악의 사슬을 끊는 행위이기 때문이다. 그러므로 용서란 전쟁과 분단의 상처를 지고 살아가는 그리스도인의 화해의 행동이다. 이것은 분단된 세계 그 중심에서 일하는 선포의 행위요, 그리스도의 십자가 복음을 선교하는 행동이 아닐 수 없다"라고 하였다[박정수, "성서적 통일신학: 통일선교신학을 제안하며", 『신학과 선교』, 제 41집(부천: 서울신학대학교 한국기독교통일연구소, 2012), 237-238. 재인용] 이처럼 오늘날 우리에게 필요한 것은 요셉의 정신 즉, 사랑과 용서에 있다.

2) 행동하는 통일 연습 다섯 가지

　종합적 결론을 내리면 이렇다. 통일의 목표는 형제애의 회복이다. 서로 사랑하고 용서하는 것이다. 분단 이후 지금껏 계속되었던 단일국가를 목표로 한 통일론은 전쟁과 갈등만 양산했다. 성서는 제도나 체제적 하나 됨보다 형제애의 회복과 사랑과 용서를 더 중시한다. 이와 같이 통일신학은 통일에 대한 개념 재정립, 한국교회 반북 반공 이데올로기 비판, 종교와 정치의 분리, 실제적인 방법론과 대안을 제시하는 신학이 되어야 한다고 생각한다.

　성경이 말하는 통일신학이 우리의 삶으로 열매 맺기를 소망하면서 행동하는 통일 연습 다섯 가지를 제안한다.

　첫째, 통일금식이다.

　배고픈 사람을 생각하면서 통일을 연습한다는 표현이 좀 무리가 있기는 하지만, 그래도 매월 1일을 통일을 생각하며 금식하자는 것이다. 매월 1일 하루 동안 한 끼, 혹은 두 끼, 아니면 하루 종일 통일을 연습함으로 배고픔을 경험하며 온전한

금식으로 이웃을 얻고자 하는 긍휼한 마음을 갖는 금식의 날로 만들어 가는 것이다. "내가 기뻐하는 금식은 흉악의 결박을 풀어 주며 멍에의 줄을 끌러 주며 압제당하는 자를 자유하게 하며 모든 멍에를 꺾는 것이 아니겠느냐"(이사야 58:6).

둘째, 통일예배다.

언제부턴가 대중화된 예배에 익숙한 현대인의 예배모습을 바라본다. 이런 상황에서도 주님과 홀로 예배드리는 임마누엘의 통일예배가 절대적으로 필요하다. 무엇보다 전 세계에 흩어져 있는 디아스포라(Diaspora) 한인교회를 포함한 남쪽의 한국교회에서 각자가 정한 날에 개인과 가정, 구역, 단체 등에서 동방의 예루살렘으로 불려진 평양의 예루살렘 회복을 위해 통일예배를 드리자는 것이다.

셋째, 통일성경이다.

남과 북의 달라진 언어는 의사소통까지 불편하게 만들고 있다. 그래서 성경말씀 중 시편만이라도 투박한 북한어로 된 성경을 소리 내어 읽어 보자는 것이다. 한국의 교회들과 디아스포라 한인교회들이 북한어로 된 시편을 묵상하며 실제적으로는 통일을 하나님의 말씀으로 연습하는 그리스도인이 되자. 이렇게 도전함으로서 통일의 불을 던지고 싶다. "내가 불을 땅에 던지러 왔노니 이 불이 이미 붙었으면 내가 무엇을 원하리요"(누가복음 12:49).

  넷째, 통일저금통(통일카드)이다.

  대한민국이 금 모으기 운동으로 어려웠던 IMF 위기를 극복했던 것처럼 종이로 만든 통일저금통을 통해 한반도의 통일자금을 마련하는 데 적게나마 힘을 보태야 한다. 한국은행은 오는 2020년까지 '동전 없는 사회'를 지향하고 있다. 하루라도 빨리 십 원, 오십 원, 백 원, 오백 원 동전으로 통일저금통을 채우고 통일카드를 준비해서 허리신경이 마비된 중풍병자와 같은 대한민국을 건강한 대한민국이 되도록 하는 꿈을 이루는 일에 우리들의 재정이 쓰여져야 한다.

  다섯째, 통일세대(통일의병. 통일독립군)다.

  하나님의 뜻이 우리를 통해 이 땅에서 이루어지는 일에

준비된 사람들, 그루터기 같은 믿음의 신앙인들, 통일을 위해 목숨을 걸 수 있는 사람들, 이런 사람들을 하나님 나라의 진주처럼 존귀하게 여기며 그들과 함께 통일 독립군의 사명을 감당하는 통일 연습이 이 시대에 필요하지 않겠는가.

　이상의 다섯 가지 통일 연습을 함께 행동으로 옮기는 '행동하는 통일 연습'은 말로 하는 통일이 아니라 발로 하는 통일. 온몸으로 하는 통일 연습이다. 통일금식, 통일예배, 통일성경, 통일저금통의 연습을 하나라도 실천하는 사람이 바로 통일독립군이다.

"통일은 곧 이루어집니다." 이렇게 말하는 사람은 통일을 향한 예언자다.

"통일을 위해 기도합시다." 이렇게 말하는 사람은 통일을 향한 중보자다.

이 시대에 통일을 향한 예언자도, 중보자도, 통일전략가도 당연히 필요하다. 그렇지만 더불어 통일을 쟁취할 수 있는 왕적인 기름 부으심이 있는 하나님 나라의 비밀을 간직한 사람 – 밟히고 밟혀도 일어서는 민초들의 통일독립군 – 이 필요하지 않겠는가.

진짜 시합에서 이기려면 연습을 잘해야 한다. 진짜로 통일을 원하면 이미 시작된 통일을 연습해야 한다. 통일 연습을 통한 성서한국, 평화한국, 선교한국으로 진행될 복음적 통일한국은 결국 남과 북의 통일이 목적이 아닌, 통일 이후가 더 큰 목적이 되어야 한다. 하나님 나라의 선교도구로 쓰임받게 될 한반도에 주님의 임재가 증명되는 것이 우리의 소원이 되어야만 한다. 먼저 형제애의 회복을 온몸으로 경험한 장애인들이 북녘 땅에 하나님의 사랑, 이웃 사랑을 패스하는 한 알의 북녘밀알(seed of North Korea)이 될 것이다.

형제애로 평화한국 너머에 있을 복음적 통일한국을
바라보며, 오늘도 소외된 남북한 장애인들과 함께
북녘밀알(seed of North Korea)의 씨앗을 심어 본다.
장애인 국가 대한민국이 열방을 섬기는 제사장나라가 되어
온 열방을 섬기는 Blessing Korea를 꿈꾸면서….

장애 국가를 회복하는 일에 장애인이 앞장을!

필자는 감히 생각하지 않았는데 주님의 은혜로 북한의 장애인들과 함께 시간을 보내면서 과연 성경이 말하는 통일은 무엇일까를 고민하게 되었다. 비록 알레고리(Allegory)적 해석이겠지만 성경에 표현되어 있는 신구약의 38년과 남북한의 38선이 주는 메시지를 담아보고자 노력했다.

구약성경 민수기 38년 광야생활은 시내 산에서 출애굽한 백성이 하나님의 율법을 받고 하나님과 언약을 체결하며 하나님 나라 백성으로 살기로 약속한다. 가나안에 이르기 전 가데스바네아에 이른 백성들은 12명의 정탐꾼을 보내 하나님이 주실 약속의 땅을 40일 동안 미리 둘러본다. 이들의 극단적인 보고에 하나님은 극단적인 결과를 보여 주신다. 하나님의 백성으로 하나님의 능력을 지금까지 보아왔고 하나님을 믿기에 철병거가 있어도, 거인 같은 아낙 자손들이 있어도 하나님이 함께하시기에 그 땅을 취할 수 있다는 믿음의 고백을 보여 준 여호수아와 갈렙만 그들의 믿음대로 가나안 땅에 들어가게 된다.

나머지 10명의 정탐꾼은 하나님이 가나안 땅을 주시겠다는 약속 위에 사람의 행동이나 그 무엇을 더해야만 들어갈 수 있다고 생각했기에, 그들의 철병거와 가나안 족속의 힘과 문화가 더 크게 보인 것이다. 하나님의 능력을 온전히 신뢰하지 못한 그들의 믿음 없음을 응징이라도 하듯 38년을 가데스바네아 광야에서 살게 된 것이다. 하나님의 능력을 의지하지 않고 사람의 생각, 사람의 힘을 의지했던 열 사람 때문에 38년의 광야생활이 된 것은 아닌가?

신약성경 요한복음 5장의 38년 된 병자는 예루살렘 양문 곁 베데스다라는 연못(은혜, 자비의 집)에 살고 있었다. 성전 제사에 쓰일 양들이 다니는 양문에 은혜의 본체이신 예수님이 직접 찾아 오셔서 "네가 낫고 싶냐"고 물으신다. 그런데

놀랍게도 38년 병자는 "예" 하고 말하지 않고 변명하고 있다. "그 물이 동할 때 나를 못에 넣어 줄 사람이 없어 내가 가는 동안에 다른 사람이 먼저 내려간다"고 수평적인 이동만을 하고 있다. 실제적으로 낫고 싶은 간절함이 없어 보인다. 그런 38년 된 병자에게 예수님은 수평이동이 아닌 수직이동을 선포하신다. "일어나 네 자리를 들고 걸어가라" 하신다.

38선, 분단된 조국, 허리신경이 마비된 장애인 국가. 더 이상 이대로 38선이 굳어지지 않기를 간절히 소망해 본다. 무엇보다 마지막 시대의 적그리스도는 인간의 휴머니즘이라고 할 수 있다. 왜냐하면 하나님보다 사람의 의를 더 드러내려고 하는 열심히 있기 때문이다. 얼마 전(2014년 8월 14일~18일) 천주교 교황이 한국을 방문했다. 교황만 있고 예수는 없었다. 이 시대에 하늘나라 독립군, 하늘사람이 필요하다. 단순한 인간적인 형제애가 아니라 자기 십자가를 짊어지고 예수를 따르는 하늘사람인 통일독립군이 필요하다.

행동하는 통일 연습 다섯 가지에서 '통일금식', '통일예배', '통일성경'이 하나님과 나와의 관계라면 '통일저금통', '통일독립군'은 이웃과의 관계다. 예수의 십자가를 더하기(예수 십자가)로 표현한다면 하나님 사랑과 이웃 사랑을 실천하는 형제애의 삶을 곱하기(자기 십자가)로 표현하고 싶다. 예수님은 "누구든지 나를 따라오려거든 자기를 부인하고 자기 십자가를 지고 나를 따를 것이니라"(마태복음 16:24)고 하셨다.

1998년 6월, 고 정주영 현대그룹 명예회장이 소떼 1,001마리를 몰고 휴전선을 넘어갔던 것처럼, 필자는 휠체어와 흰 지팡이, 그리고 마주잡은 손짓사랑으로 38선을 통과하여 막힌 동맥을 뚫어 줌으로 반쪽 나라인 장애 국가를 건강한 나라, 하나 된 나라로 회복하는 일에 쓰임받고 싶다. 1948년 정부 분단 70년이 되는 2018년을 평화한국의 원년으로 삼고자 한다. 광복, 해방 70주년을 기억하는 단순한 숫자일 수도 있다. 하지만, 70명의 장애인들과 함께 서울과 평양에서 남북한 농아축구대회를 통해 농아들이 휠체어를 밀고 흰 지팡이의 안내를 받아 허리신경이 마비된 장애 국가의 허리를 장애인들과 함께 걷고 또 걸어서 주님의 은혜로 70년 동안 막힌 38선의 동맥을 통과해 보고 싶다. 그래서 북한에 남겨 놓고 온 반쪽 심장 때문에 더 이상 거친 숨을 몰아쉬지 않고, 위에서 오는 평안의 하늘 숨을 쉬는 그날이 통일한국의 때임을 가슴에서 느낄 수 있도록 행동하는 통일 연습을 하고자 한다.

이러한 통일 연습은 구체적으로 2013년 10월, 북한 농아축구팀 창단으로 시작되었고 향후 통일한국이 되어 서울과 평양에서 올림픽이 열리는 그날까지 요셉의 실천신학과 행동하는 통일 연습으로 평화한국을 세워 나가려고 한다.

먼저 스포츠 올림픽을 통해 하나 된 대한민국을 전세계에 보여 주고 싶다. 이로 인해 아시아지역에서는 약 20년을 주기로 올림픽이 개최되고 있는데, 1964년 동경 올림픽, 1988년 서울 올림픽, 2008년 베이징 올림픽에 이어 2028년 혹은 2032년에는 '서울평양 통일올림픽'이 열리기를 소망한다.

이런 꿈을 꾸면서 형제애 사랑으로 평화한국 너머에 있을 복음적 통일한국을 바라보며 오늘도 소외된 남북한 장애인들과 함께 북녘밀알(seed of North Korea)의 씨앗을 심어 본다. 장애인 국가인 대한민국이 열방을 섬기는 제사장나라가 되어 온 열방을 섬기는 Blessing Korea를 꿈꾸면서….

"내가 진실로 진실로 너희에게 이르노니 한 알의 밀이 땅에 떨어져 죽지 아니하면 한 알 그대로 있고 죽으면 많은 열매를 맺느니라"(요한복음 12:24).

통일부 사단법인

민족통일에스라운동협의회
Global 참 Blessing

통일 한반도의 현재와 미래를 준비하는

민족통일에스라운동협의회는

국토분단의 고착화와 민족통일의 지연이

그리스도인들의 범죄와 불신앙의 결과임을 인식하고

에스라서와 느헤미야서에 기록된 민족통일과 성전중건의

역사를 본받아 한국교회와 디아스포라 한인교회에

철저한 회개와 대각성 운동을 일으키고자

1995년 10월 12일 통일부 산하 사단법인

설립인가와 더불어 사역을 시작하였다.

(사) 민족통일에스라운동협의회 설립자
조동진 박사 약력

- 장로회신학대학교(B.D)
- 미국애지브레신학교(Th.M.)
- 미국 윌리암캐리대학교(Ph.D.)
- 국제선교협력기구(KIM) 설립(1961)
- 동서선교연구개발원 설립(1973)
- 사단법인 민족통일에스라운동협의회 설립(1995)

Cho Dong Jin

1961년, 조동진 박사는 한국의 신학교 가운데 처음으로 선교학 강좌를 개설한 선도자다. 그는 1963년 서울에 국제선교신학원(International School of Mission:ISM)을 설립하였다. 이 선교신학원은 1973년 동서선교연구개발원(East-West Center for Missions Research and Development:EWC/mrd)으로 확장되었다. 이 선교연구기관은 비 서구세계에 설립된 최초의 선교사 훈련과 연구를 위한 교육기관이었다.

조동진 박사는 1989년 이래 20회 이상 북한을 방문하였다. 그리고 북한의 최고지도자 김일성 주석과 세 차례에 걸친 단독회담을 가졌다. 그는 김일성종합대학과 평양신학원의 방문교수로 임명 받았으며, 평양의 교회에서 여러 차례 북한 신도들을 위하여 설교할 기회를 가졌다. 조동진 박사는 그밖에도 미국의 빌리그래함 박사와 지미 카터 대통령을 북한 최고지도자 김일성 주석이 초청하도록 하는 역할을 담당하였다. 1991년에는 북한의 UN 주재 대사였던 한시해를 데리고 조지아 주 플레인에 있는 지미 카터 대통령의 저택을 방문하여 김일성 주석의 평양 초청을 전달하도록 주선하였다.

그는 1995년에 통일원(현 통일부)에 사단법인 민족통일에스라운동협의회 설립 인가를 받아 남북한 교회와 디아스포라 한인교회에 민족통일에스라운동을 일으키고 있다.

1979. 08 미국 윌리암케리대학교에 고려연구소를 설치하여 민족통일 연구와 대북활동 추진.

1990. 11 조선기독교도연맹중앙위원회에서 조동진 박사 평양신학원 방문교수로 초청.

1991. 06 북한의 통일관계 전문가와 학자(한시해, 김구식, 박승덕, 로 철수, 고기준, 최성봉, 최옥희, 김혜숙)들을 미국으로 초청 하여 지미 카터 대통령 사저에 방문. 한시해는 김일성 주석 의 평양 초청장 전달.

김일성종합대학교 교수들에게 강의

전 북한의 유엔대사와 미국 지미 카터 대통령 방문

평양봉수교회 직원들과 함께

1991. 09   김일성종합대학 총장이 김일성종합대학 방문교수로 임명.

1992. 05   김일성종합대학도서관에 기독교 도서 2,517권 기증식과
            김일성종합대학 교수 100여 명에게 기독교에 대한 특별강
            의와 봉수교회 설교.

김일성 주석과의 면담을 위해 주석궁 방문

기독교 도서 2,517권
기증을 위해 평양 방문

김일성 주석 면담

1992년 5월 23일
1993년 4월 10일
1994년 4월 15일

김일성 주석이 초대한 오찬

1993. 04	김일성 주석을 면담하고 칠곡교회 종려주일 설교와 봉수교회 부활주일 설교.
1994. 04	최고인민회의 통일정책위원장 김용순 비서와 기독교도연맹 대표와 종교정책 협의.
1994. 06	6.25주일을 민족통일과 민족교회 중건을 위한 특별예배로 드리도록 전국 교회에 호소.
1994. 07	조선아세아태평양평화위원회 이종혁 부위원장과 조선해외동포원호위원회 전경남 부위원장과 '민족통일과 민족교회 그리고 북미관계 협의.'
1995. 06	미국 기독교대학 총장단 6명 평양 방문.
1995. 10	사단법인 민족통일에스라운동협의회 설립 인가(통일원, 현 통일부).

1973년 빌리그래함 전도대회 기획 및 준비 위원장

- 손짓사랑 대표(1985년~현재)
- 우즈베키스탄 농아축구팀 국가대표 감독(1997~2004년)
- KBS 1TV 한민족 리포트(2000년) '우즈벡 한인목사와 농아축구단'
- 카자흐스탄 농아축구팀 국가대표 감독(2005~2015년)
- KBS 2TV 사랑 신고 세계로(2011년) '카자흐스탄에 심은 사랑'
- (사)남북체육교류협회 장애인체육위원회 위원장(2013~2015년)
- 북한 농아축구팀 창단(2013년 10월 18일 / 평양)
- (사)민족통일에스라운동협의회 Global Blessing 대표(2015년~현재)

이민교 감독 경력

1997년	우즈베키스탄 농아축구팀 창단
2005년	카자흐스탄 농아축구팀 창단
2000년	제4회 아시안게임 3위
2004년	제5회 아시안게임 4위
2008년	제6회 아시안게임 4위
2012년	제7회 아시안게임 3위

아시안게임 4회 출전 **올림픽 2회 출전** **월드컵 1회 출전**

북한 농아축구팀 소개

2013년 10월	북한 농아축구팀 창단
2014년 12월	세계장애인의 날 기념 북한 & 호주 농아축구대회(호주)
2015년 10월	제8회 농아인 아시안게임 불참(대만)
2016년 12월	세계장애인의 날 기념 네팔, 북한, 한국, 호주 농아축구대회(호주)
2017년 12월	북한농아축구팀 전지훈련(브라질 상파울로)

1 통일 연습

통일금식, 통일예배, 통일성경, 통일저금통, 통일독립군(의병)으로 통일 연습이 필요합니다.

2 문화체육 교류

정치적 이념이나 사상적 접근이 아닌 인도주의적 차원에서 문화체육 교류가 필요합니다.

3 통일 펀드

이웃을 사랑할 수 있는 빛의 통로가 되는 통일 펀드가 필요합니다.

법인 조직도

설립자 조동진

이사장 한국 | 황성주(이롬, 사랑의병원, 꿈이있는교회)
　　　　호주 | 오상원(오상원 치과, 시드니순복음교회)

대표 이민교

법인이사 한국 | 김상화 이민교 임승훈 조석우 최진영
　　　　　호주 | 김민현 이민교 오상원 조은실 정영화

고문 김병로 김형식 이상만 조용중 허문영

감사 주명수 김혜란

자문위원 곽수광 김상민 김정명 문단열 양창석

사무국 박미순 이미라

주소 한국 | 서울시 송파구 새말로 8길 17 1층 Global Blessing
　　　호주 | 2 nulla nulla st. Turramurra NSW 2074

후원계좌 한국 | 국민은행 831001 - 00 - 019153 (사)민족통일에스라운동협의회
　　　　　호주 | ANZ Bank B.S.B. 012321 Acc No: 407727295 Global Blessing